Auf dem Staatshof

Theodor Storm

Alpha Editions

This edition published in 2022

ISBN : 9789356903388

Design and Setting By
Alpha Editions
www.alphaedis.com
Email - info@alphaedis.com

Auf dem Staatshof

Theodor Storm

Ich kann nur einzelnes sagen; nur was geschehen, nicht, wie es geschehen ist; ich weiß nicht, wie es zu Ende ging, und ob es eine Tat war oder nur ein Ereignis, wodurch das Ende herbeigefÜhrt wurde. Aber wie es die Erinnerung mir tropfenweise hergibt, so will ich es erzÄhlen.

Die kleine Stadt, in der meine Eltern wohnten, lag hart an der Grenze der Marschlandschaft, die bis ans Meer mehrere Meilen weit ihre grasreiche Ebene ausdehnt. Aus dem Nordertor führt die Landschaft eine Viertelstunde Weges zu einem Kirchdorf, das mit seinen Bäumen und Strohdächern weithin auf der ungeheueren Wiesenfläche sichtbar ist. Seitwärts von der Straße, hinter dem weiß getünchten Pastorate, geht quer durchs Land ein Fußsteig über die Fennen, wie hier die einzelnen, fast nur zur Viehweide benutzten Landflächen genannt werden; von einem Heck zum andern, aber auf schmalem Steg über die Gräben, durch welche die Fennen voneinander geschieden sind.

Hier bin ich in meiner Jugend oft gegangen; ich mit einer andern. Ich sehe noch das Gras im Sonnenscheine funkeln und fernab um uns her die zerstreuten GehÖfte mit ihren weißen Gebäuden in der klaren Sommerluft. Die schweren Rinder, welche wiederkäuend neben dem Fußsteige lagen, standen auf, wenn wir vorübergingen, und gaben uns das Geleite bis zum nächsten Heck; mitunter in den Trinkgruben erhob ein Ochse seine breite Stirn und brüllte weit in die Landschaft hinaus.

Zu Ende des Weges, der fast eine halbe Stunde dauert, unter einer düstern Baumgruppe von Rüstern und Silberpappeln, wie sie kein andres Besitztum dieser Gegend aufzuweisen hat, lag der "Staatshof". Das Haus war auf einer mäßig hohen Werfte nach der Weise des Landes gebaut, eine sogenannte Heuberg, in welcher die Wohnungs- und Wirtschaftsräume unter einem Dache vereinigt sind; aber die Graft, welche sich ringsumher zog, war besonders breit und tief, und der weitläufige Garten, der innerhalb derselben die Gebäude umgab, war vorzeiten mit patrizischem Luxus angelegt.

Das Gehöfte war einst neben vielen andern in Besitz der nun gänzlich ausgestorbenen Familie van der Roden, aus der während der beiden letzten Jahrhunderte eine Reihe von Pfennigmeistern und Ratmännern der Landschaft und Bürgermeistern meiner Vaterstadt hervorgegangen sind.— Neunzig Höfe, so hieß es, hatten sie gehabt und sich im Übermut vermessen, das Hundert voll zu machen. Aber die Zeiten waren umgeschlagen; es war unrecht Gut dazwischengekommen, sagten die Leute; der liebe Gott hatte sich ins Mittel gelegt, und ein Hof nach dem andern war in fremde Hände übergegangen. Zur Zeit, wo meine Erinnerung beginnt, war nur der Staatshof noch im Eigentum der Familie, von dieser selbst aber niemand übriggeblieben als die alternde Besitzerin und ein kaum vierjähriges Kind, die Tochter eines früh verstorbenen Sohnes. Der letzte männliche Sprosse war als fünfzehnjähriger Knabe auf eine gewaltsame Weise ums Leben gekommen; auf der Fenne eines benachbarten Hofbesitzers hatte er ein einjähriges Füllen ohne Zaum und Halfter bestiegen, war dabei von dem scheuen Tier in die Trinkgrube gestürzt und ertrunken.

Mein Vater war der geschäftliche Beistand der alten Frau Ratmann van der Roden.—Gehe ich rückwärts mit meinen Gedanken und suche nach den Plätzen, die von der Erinnerung noch ein spärliches Licht empfangen, so sehe ich mich als etwa vierjährigen Knaben mit meinen beiden Eltern auf einem offenen Wagen über den ebenen Marschweg dahinfahren; ich fühle plötzlich den Sonnenschein mit einem kühlen Schatten wechseln, der an der einen Seite von ungeheuren Bäumen auf den Weg hinausfällt; und während ich meinen kleinen Kopf über die Lehne des Wagenstuhle recke, um den breiten Graben zu sehen, der sich neben den Bäumen hinzieht, biegen wir gerade in die Schatten hinein und durch ein offenstehendes Gittertor. Ein großer Hund fährt wie rasend an der Kette aus seinem beweglichen Hause auf uns zu; wir aber kutschieren mit einem Peitschenknall auf den Hof hinauf bis vor die Haustür, und ich sehe eine alte Frau im grauen Kleide, mit einem feinen blassen Gesicht und mit besonders weißer Fräse auf der Schwelle stehen, während Knecht und Magd eine Leiter an den Wagen legen und uns zur Erde helfen. Noch rieche ich auf dem dunkeln Hausflur den strengen Duft der Alantwurzel, womit die Marschbewohner zur Abwehr der Mücken allabendlich zu räuchern pflegen; ich sehe auch noch meinen Vater der alten Dame die Hand küssen; dann aber verläßt mich die Erinnerung, und ich finde mich erst nach einigen Stunden wieder, auf Heu gebettet, eine warme sommerliche Dämmerung um mich her. Ich sehe an den aus Heu und Korngarben gebildeten Wänden empor, die um mich her zwischen vier großen Ständern in die Höhe ragen, so hoch, daß der Blick durch ein wüstes Dunkel hindurch muß, bis er aufs neue in eine matte Dämmerung gelangt, die zwischen zahllosen Spinngeweben aus einem Dachfensterchen hereinfällt. Es ist das sogenannte Vierkant, worin ich mich befinde. Der zum Bergen des Heues bestimmte Raum im Innern des Hauses, wovon das Hofgebäude in unsern Marschen die eigentümlich hohe Bildung des Daches und seinen Namen "Heuberg" oder "Hauberg" erhalten hat.—Es ist volle Sonntagsstille um mich her. Aber ich bin hier nicht allein; in der gedämpften Helligkeit, die durch die offene Seitenwand aus der angrenzenden Loodiele hereinfällt, steht ein Mädchen meines Alters; die blonden Härchen fallen über ein blaues Blusenkleid. Sie streckt ihre kleinen Fäuste über mir aus und bestreut mich mit Heu; sie ist sehr eifrig, sie stöhnt und bückt sich wieder und wieder. "So", sagt sie endlich und atmet dabei aus Herzensgrunde, "so, nun bist du bald begraben!" Und wie ich eine Weile regungslos daliege, sehe ich durch die lose mich bedeckenden Halme, wie sie ihr Köpfchen zu mir niederbeugt, und wie sie dann plötzlich kehrtmacht und sich zu einer alten Bäuerin hinarbeitet, die mit einem Strickstrumpf in der Hand uns gegenübersitzt. "Wieb", sagt sie, indem sie der Alten die Hand von der Wange zieht, "Wieb, ist er tot?"

Was die Alte darauf geantwortet, dessen entsinne ich mich nicht mehr; wohl aber, daß wir bald darauf durch einen dunkeln Gang auf den Hausflur und von dort eine breite Treppe hinauf in die obern Räume des Hauses geführt wurden, in ein großes Zimmer mit goldgeblümten Tapeten, in welchem viele Bilder von alten weiß gepuderten Männern und Frauen an den Wänden hingen. Meine Eltern und die übrigen Gäste sind eben von einer gedeckten Tafel aufgestanden, die sich mitten im Zimmer unter einer großen Kristallkrone befindet. Bald sitze ich, in eine Serviette geknüpft, der kleinen Anne Lene gegenüber; Wieb steht dabei und serviert uns von den Resten. Ich befinde mich sehr wohl; nur zuweilen stört mich ein Krächzen, das aus der Ferne zu uns herüberdringt. "Höre!" sage ich und hebe meine kleinen Finger auf. Die alte Wieb aber kennt das schon lange. "Das sind die Raben", sagt sie, "sie sitzen im Baumgarten, wir wollen sie nachher besuchen."—Aber ich vergesse die Raben wieder; denn Wieb teilt zum Dessert noch die Zuckertauben von einer Konditortorte zwischen uns; nur scheint es nicht ganz unparteiisch herzugehen, denn Anne Lene erhält immer die Hahnenschwänze und die Kragentauben.

Etwas später sehe ich die Gesellschaft auf den geschlungenen Gartenwegen zwischen den blühenden Büschen promenieren; die alte Dame mit der Fräse, welche am Arme meines Vaters geht, beugt sich zu mir niedere und sagt, indem sie mir den Kopf aufrichtet: "Du muß dich immer hübsch gerade halten, Kind!" Ich glaube noch jetzt, daß von dieser kleinen Ermahnung sich der fast scheue Respekt her schreibt, den ich, solange sie lebte, vor dieser Frau behalten habe.—Doch schon faßt Wieb mich bei der Hand und führt uns weit umher auf den sonnigen Steigen; zuletzt bis zur Graft hinunter, an der ein gerader Steig entlang führt. So gelangen wir zu einem Gartenpavillon, in welchem die Gesellschaft bei offenen Türen am Kaffeetische sitzt. Wir werden hereingerufen, und da ich zögere, nimmt meine Mutter einen Zuckerkringel aus dem silbernen Kuchenkorb und zeigt mir den. Aber ich fürchte mich; ich habe gesehen, daß das hölzerne Haus auf dünnen Pfählen über dem Wasser steht; bis endlich doch die vorgehaltene Lockspeise und die bunten Schäferbilder, die drinnen auf die Wände gemalt sind, mich bewegen, hineinzutreten.

Mir ist, als hätte ich es mit einem besonders angenehmen Gefühl mit angesehen, wie Anne Lene von meiner Mutter auf den Schoß genommen und geküßt wurde. Späterhin mögen die Männer, wie es dort gebräuchlich ist, zur Besichtigung der Rinder auf das Land hinausgegangen sein; denn ich habe die Erinnerung, als sei bald eine Stille um mich gewesen, in der ich nur die sanfte Stimme meiner Mutter und andre Frauenstimmen hörte. Anne Lene und ich spielten unter dem Tische zu ihren Füßen; wir legten den Kopf auf den Fußboden und horchten nach dem Wasser hinunter. Zuweilen hörten wir es plätschern; dann hob Anne Lene ihr Köpfchen und sagte: "Hörst du, das tut der Fisch!" Endlich gingen wir ins Haus zurück; es war kühl, und ich sah die Büsche des Gartens alle im Schatten stehen. Dann fuhr der Wagen vor; und in dem Schlummer, der mich schon unterwegs überkam, endete dieser Tag, von dem ich bei ruhigem Nachsinnen nicht außer Zweifel bin, ob er ganz in der erzählten Weise jemals dagewesen, oder ob nur meine Phantasie die zerstreuten Vorfälle verschiedener Tage in diesen einen Rahmen zusammengedrängt hat.

Späterhin, als sich allmählich die Hilfsbedürftigkeit des Alters einstellte, zog die Frau Ratmann van der Roden mit ihrer Enkelin in die Stadt und ließ den Hof unter der Aufsicht des früheren Bauknechtes Marten und seiner Ehefrau, der alten Wieb. Vor dem Hause, welches sie einige Straßen von dem unsern entfernt bewohnte, standen granitne Pfeilersteine, die durch schwere eiserne Ketten miteinander verbunden waren. Wir Jungen, wenn wir auf unserm Schulwege vorübergingen, unterließen selten, uns auf diese Ketten zu setzen und, mit Tafel und Ranzen auf dem Rücken, einige Male hin und her zu schaukeln. Aber ich entsinne mich noch gar wohl, wie wir auseinanderstoben, wenn einer von uns das Gesicht der alten Dame hinter den Geranienbäumen am Fenster gewahrte, oder gar, wenn sie mit einer gemessenen Bewegung den Finger gegen uns erhoben hatte.

Desungeachtet ließ ich mir gern, was öfters geschah, vom Vater eine Bestellung an sie auftragen. Ich weiß nicht mehr, war es das kleine zierliche Mädchen, das mich anzog, oder war es die alte Schatulle, deren Raritäten ich in besonders begünstigter Stunde mit ihr beschauen durfte; die goldenen Schaumünzen, die seidenen, bunt bemalten Fächer oder oben auf dem Aufsatz der Schatulle die beiden Pagoden von chinesischem Porzellan, die schon vom Flur aus durch die Fenster der Stubentür meine Augen auf sich zogen. Am Sonnabendnachmittag stellte ich mich regelmäßig ein, um die Frau Ratmann mit der kleinen Anne Lene zum Sonntag auf den Kaffee einzuladen, was bis zur letzten Zeit vor ihrem Absterben ebenso regelmäßig von ihr angenommen wurde. Am Tage darauf präzise um drei Uhr hielt dann die schwere Klosterkutsche vor unsrer Haustreppe; unsre Mägde hoben die alte Dame und ihr Enkelchen aus dem Wagen, und meine Mutter führte sie in das Festzimmer des Hauses, das schon von dem Dufte des Kaffees und des sonntäglichen Gebäckes erfüllt war. Wenn dann die Enveloppen und Tücher abgelegt waren und die beiden Damen sich gegenüber an dem sauber servierten Tische Platz genommen hatten, durften auch wir Kinder uns an ein Nebentischchen setzen und erhielten unsern Anteil an den "Eiermahnen" und "Bieschen", oder wie sonst die schönen Sachen heißen mochten. Mir ist indessen, wenn ich dieser Sonntagnachmittage gedenke, als sei ich niemals unglücklicher in den Versuchen gewesen, meinen Kaffee aus der Ober- in die Untertasse umzuschütten; und ich fühle noch die strengen Blicke, die mir die alte Dame von ihrem Sitze aus hinübersandte, während meine Mutter mir meine kleine Gespielin zum Muster aufstellte, von der ich mich nicht entsinne, daß sie jemals beim Trinken die Serviette oder ihr weißes Kleid befleckt hätte.

Ein solcher Sonntagnachmittag, nachdem schon einige Jahre in dieser Weise vorübergegangen waren, ist mir besonders im Gedächtnis geblieben.—Ich hatte mich in dem angenehmen Bewußtsein des Feiertages in unserm Hofe umhergetrieben und war endlich in das Waschhaus gelangt, das am Ende desselben lag. Auch hier hatte sich der Sonntag bemerklich gemacht; die föhrenen Tische waren gescheuert, die holländischen Klinker, womit der Boden gepflastert war, sahen so feucht und frisch gespült aus; dabei war eine so liebliche Kühle, daß ich mich fast gedankenlos an einen Tisch lehnte und auf das träumerische Gackeln der Hühner lauschte, das aus dem anstoßenden Hühnerhof zu mir hereindrang. Nach einer Weile hörte ich drunten im Wohnhause aus der im Erdgeschoß befindlichen Küche das Kaffeegeschirr herauftragen, das Klirren der Tassen und Kaffeelöffel; und endlich vernahm ich auch von der Straße her das Anfahren der Kutsche und bald darauf das Aufschlagen der Haustür. Aber das süße Gefühl, die Nachmittagsfeier so ganz unangebrochen vor mir zu haben, ließ mich immer noch zögern, ins Haus hinabzugehen. Da vernahm ich das Summen des Fliegenschwarms, der in der Sonne an der offenen Tür gesessen.—Anne Lene war unbemerkt herangetreten. Noch sehe ich sie vor mir, die kleine leichte Gestalt, wie sie ruhig auf der Schwelle stand, den Strohhut am Bande in der Hand hin und her schwenkend, während die Sonne auf das goldklare Haar schien, das ihr in kleinen Locken um das Köpfchen hing. Sie nickte mir zu, ohne weiter heranzutreten, und sagte dann: "Du solltest hereinkommen!"

Ich kam noch nicht; meine Augen hafteten noch an dem weißen Sommerkleidchen, an der himmelblauen Schärpe und zuletzt an einem alten Fächer, den sie in der Hand hielt. "Willst du nicht kommen, Marx?" fragte sie endlich, "Großmutter hat gesagt, wir sollten einmal das Menuett wieder miteinander üben."

Ich war es wohl zufrieden. Wir hatte vor einigen Wochen in der Tanzschule diese altfränkischen Künste auf den gemeinsamen Wunsch der Frau Ratmann und meines Vaters mit besonderer Sorgfalt eingeübt. Wir gingen also hinein; ich machte meine Reverenz vor Anne Lenes Großmutter und trank, um mich schon jetzt meiner zierlichen Partnerin würdig zu zeigen, meinen Kaffee mit besonderer Behutsamkeit. Späterhin, als mein Vater ins Zimmer getreten war und sich mit seiner alten Freundin in geschäftliche Angelegenheiten vertiefte, nahm meine Mutter uns mit in die gegenüberliegende Stube und setzte sich an das aufgeschlagene Klavier. Sie hatte den "Don Juan" aufs Tapet gelegt. Wir traten einander gegenüber, und ich machte mein Kompliment, wie der Tanzmeister es mich gelehrt hatte. Meine Dame nahm es huldvoll auf, sie neigte sich höfisch, sie erhob sich wieder, und als die Melodie erklang: "Du reizest mich vor allen; Zerlinchen, tanz mit mir", da glitten die kleinen Füße in den Korduanstiefelchen über den Boden, als ginge es über eine Spiegelfläche hin. Mit der einen Hand hielt sie den aufgeschlagenen Fächer gegen die Brust gedrückt, während die Fingerspitzen der andern das Kleid emporhoben. Die lächelte; das feine Gesichtchen strahlte ganz von Stolz und Anmut. Meine Mutter, während wir hin und her schassierten, uns näherten und verneigten, sah schon lange nicht mehr auf ihre Tasten; auch sie, wie ihr Sohn, schien die Augen nicht abwenden zu können von der kleinen schwebenden Gestalt, die in graziöser Gelassenheit die Touren des alten Tanzes vor ihr ausführte.

Wir mochten auf diese Weise bis zum Trio gelangt sein, als die Stubentür sich langsam öffnete und ein dickköpfiger Nachbarsjunge hereintrat, der Sohn eines Schuhflickers, der mir an Werkeltagen bei meinem Räuber- und Soldatenspiel die vortrefflichsten Dienste leistete. "Was will der?" fragte Anne Lene, als meine Mutter einen Augenblick innehielt.—"Ich wollte mit Marx spielen", sagte der Junge und sah verlegen auf seine groben Nagelschuhe.

"Setze dich nur, Simon", erwiderte meine Mutter, "bis der Tanz aus ist; dann könnt ihr alle miteinander in den Garten gehn." Dann nickte sie zu uns hinüber und begann das Trio zu spielen. Ich avancierte; aber Anne Lene kam mir nicht entgegen; sie ließ die Arme herabhängen und musterte mit unverkennbarer Verdrossenheit den struppigen Kopf meines Spielkameraden.

"Nun", fragte meine Mutter, "soll Simon nicht sehen, was ihr gelernt habt?"

Allein die kleine Patrizierin schien durch die Gegenwart dieser Werkeltagserscheinung in ihrer idealen Stimmung auf eine empfindliche Weise gestört zu sein. Sie legte den Fächer auf den Tisch und sagte: "Laß Marx nur mit dem Jungen spielen."

Ich fühle noch jetzt mit Beschämung, daß ich dem schönen Kinde zu Gefallen, wenn auch nicht ohne ein deutliches Vorgefühl von Reue, meinen plebejischen Günstling fallen ließ. "Geh nur, Simon", sagte ich mit einiger

Beklemmung. "Ich habe heute keine Lust zu spielen!" Und der arme Junge rutschte von seinem Stuhl und schlich sich schweigend wieder von dannen.

Meine Mutter sah mich mit einem durchdringenden Blick an; und sowohl ich wie Anne Lene, als diese späterhin in ein näheres Verhältnis zu unserm Hause trat, haben noch manche kleine Predigt von ihr hören müssen, die aus dieser Geschichte ihren Text genommen hat. Damals aber hatten die kleinen tanzenden Füße mein ganzes Knabenherz verwirrt. Ich dachte nichts als Anne Lene; und als ich ihr am Montage darauf ein vergessenes Arbeitskörbchen ins Haus brachte, hatte ich es zuvor ganz mit Zuckerplätzchen angefüllt, deren Ankauf mir nur durch Aufopferung meiner ganzen kleinen Barschaft möglich geworden war.

Etwa ein Jahr später kam ich eines Nachmittags auf der Heimkehr von einer Ferienreise an Anne Lenes Wohnung vorüber. Da die Haustür offenstand, so fiel es mir ein, hineinzugehen, um eine Kleinigkeit, die ich unterwegs für sie eingehandelt hatte, schon jetzt in ihre Hand zu legen. Ich trat in den Flur und blickte durch die Glasscheiben der Stubentür; aber ich gewahrte niemanden. Es war eine seltsame Einsamkeit im Zimmer; der weiße Sand lag so unberührt auf der Diele, und drüben der Spiegel war mit weißen Damasttüchern zugesteckt. Während ich dies betrachtete und eine unbewußte Scheu mich hinderte, hineinzutreten, hörte ich in der Tiefe des Hauses eine Tür gehen, und bald darauf sah ich meinen Vater mit einem schwarz gekleideten Kinde an der Hand auf mich zukommen. Es war Anne Lene; ihre Augen waren vom Weinen gerötet, und über der schwarzen Florkrause erschienen das blasse Gesichtchen und die feinen goldklaren Haare noch um vieles zärtlicher als sonst. Mein Vater begrüßte mich und sagte dann, indem er seine Hand auf den Kopf des Mädchens legte: "Ihr werdet jetzt Geschwister sein; Anne Lene wird als mein Mündel von nun an in unserm Hause leben, denn ihre Großmutter, deine alte Freundin, ist gestorben."

Ich hörte eigentlich nur den ersten Teil dieser Nachricht, denn die bestimmte Aussicht, nun fortwährend in Gesellschaft des anmutigen Mädchens zu sein, erregte in meiner Phantasie eine Reihe von heiteren Vorstellungen, die mich den Ort, an welchem wir uns befanden, vollständig vergessen machten. Ich merkte es kaum, als Anne Lene ihre Arme um meinen Hals legte und mich küßte, während ihre Tränen mein Gesicht benetzten.

Einige Tage darauf fand das Leichenbegängnis statt, mit aller Feierlichkeit patrizischen Herkommens, so wie die Verstorbene es bei Lebzeiten in allen Punkten selbst verordnet hatte. Ich befand mich mit meiner Mutter und Anne Lene im Sterbehause. Noch sehr wohl erinnere ich mich, wie das Geläute der Glocken, die gedämpfte Redeweise, in der alle die schwarzen Leute miteinander verkehrten, und die kolossalen, florbehangenen

Wachskerzen, welche brennend vor dem Sarge hinausgetragen wurden, ein angenehmes Feiertagsgefühl in mir erregten, das dem unwillkürlichen Grauen vor diesem Gepränge vollkommen die Waage hielt.

Am andern Tage begann der werktätige Gang des Lebens wieder. Anne Lene war nun zwar mit mir in einem Hause, aber die Zeit unsern Beisammenseins bestand nicht mehr wie sonst nur in sonntäglichen Spielstunden. Meine Hausarbeiten für das Gymnasium wurden von meinem Vater noch strenger überwacht als sonst, und Anne Lene war außer ihren Schulstunden meist unter der Aufsicht der Mutter beschäftigt. Während meiner Freistunden nahmen die eigentlichen Knabenspiele einen immer größeren Raum ein, und ich habe meine kleine Freundin nie bewegen können, unser Räuberspiele mitzumachen oder auch nur in dem türkischen Zelte Platz zu nehmen, das ich von alten Teppichen in der Spitze eines Birnbaumes aufgeschlagen hatte.

Nur eine Freude blieb uns während unsrer ganzen Jugend gemeinschaftlich. —Die Ländereien des Staatshofes waren seit dem Tode der alten Frau Ratmann an einen benachbarten Hofbesitzer verpachtet, während man das Wohnhaus mit der Werfte unter der Aufsicht der alten Wieb und ihres Mannes ließ. Da der Hof nur eine halbe Stunde von der Stadt lag, so war uns ein für allemal erlaubt, sonntags nach Tische dort hinauszugehen. Und wie oft sind wir diesen Weg gegangen! Auf der ebenen Marschlandstraße bis zum Dorfe und dann seitwärts über die Fennen von einem Heck zum andern, bis wir die dunkle Baumgruppe des Hofes erreicht hatten, die schon beim Austritt aus der Stadt auf der weiten Ebene sichtbar war. Wie oft beim Gehen wandten wir uns um und maßen die Strecke, die wir schon zurückgelegt hatten, und sahen zurück nach den Türmen der Stadt, die im Sonnendufte hinter uns lagen! Denn mir ist, als habe an jenen Sonntagnachmittagen immer die Sonne geschienen und als sei die Luft über dieser endlosen grünen Wiesenfläche immer voll von Lerchengesang gewesen.

Den alten Ehelauten auf dem Hofe war im unteren Stock des Hauses ein früher von der Familie bewohntes Zimmer zur Benutzung angewiesen; allein sie bewohnten nach eigener Wahl nach wie vor das Gesindezimmer, da dieses mit dem Stall und den übrigen Wirtschaftsräumen in Verbindung stand. Gewöhnlich kam und der alte Marten in sonntäglich weißen Hemdärmeln schon vor dem Tore entgegen und reichte uns in seiner schweigsamen Art die Hand; er konnte es nicht lassen, nach seinen jungen Gästen auszusehen. Hatten wir uns etwas verspätet, so trafen wir ihn wohl schon auf unserm Wege draußen auf den Fennen, seinen unzertrennlichen Begleiter, den Springstock, auf der Schulter; und während Anne Lene auf dem Fußbrett um die Hecken ging, lehrte er mich, nach Landesweise über die Gräben zu setzen. Im Zimmer drinnen pflegte dann auf dem langen blank gescheuerten Tische schon der Kaffeekessel seinen Duft zu verbreiten, und die alte Wieb, wenn sie mir die Hand gegeben und ihrem Lieblingskinde die heißen Haare von der Stirn gestrichen hatte, schenkte uns viele Tassen ein, so viele, als wir immer trinken konnten, und dann noch eine "fürs Nötigen", wie sie sagte. Wenn wir uns auf diese Weise erquickt hatten und das Geschirr wieder abgeräumt war, holte die Alte ihr Rad aus dem Winkel hinter der Tragkiste hervor und begann zu spinnen. Sie ließ dann wohl den Faden durch Anne Lenes Finger gleiten und zeigte uns die Glätte und Feinheit desselben; denn, wie sie mit später einmal vertraute, es sollte aus dem Flachse, den sie sonntags spann, das Brautlinnen für ihre junge Herrschaft gewebt werden.—Aber es duldete uns nicht lange neben ihr; wir ruhten nicht, bis sie uns ihr großes Schlüsselbund eingehändigt hatte, in dessen Besitze wir dann die dunkle Treppe nach dem oberen Stockwerk hinaufstiegen und eine nach der andern die Türen zu den verödeten Zimmern aufschlossen, in denen die feuchte Marschluft schon längst an Decken und Wänden ihren Zerstörungsprozeß begonnen hatte. Wir betraten diese Räume mit einer lüsternen Neugierde, obgleich wir wußten, daß nichts darin zu sehen sei als die halberloschenen Tapeten und etwa in dem einen Seitenzimmer das leere Bettgestell der verstorbenen Besitzer. Wenn wir zu lange blieben, rief die Alte uns wohl herunter und schickte uns in den Garten, der vor dem Hause lag. Aber die Einsamkeit, die oben in den verlassenen Zimmern herrschte, war auch dort. Wohin man sehen mochte, zwischen den hohen Sträuchern hing das Gespinst der Jungfernrebe; über den mit Gras bewachsenen Steigen in den rot blühenden Himbeerbüschen hatten die Wespen ihre pappenen Nester aufgehangen. Obwohl seit Jahren keine pflegende Hand dort gewaltet, so wuchs doch alles in der größten Üppigkeit durcheinander, und mittags in der schwülen Sommerzeit, wenn Jasmin und Kaprifolien blühten, lag die alte Heuberg wie im Duft begraben.—Anne Lene und ich drangen gern aufs Geratewohl in diesen Blütenwald hinein, um uns den Reiz eines gefahrlosen Irregehens zu verschaffen; und nicht selten glückte es, daß wir uns nach der feuchten Laube im Winkel des Gartens hinzuarbeiten meinten und statt dessen unerwartet vor dem alten Pavillon standen, welcher jetzt zur zeitweisen Aufbewahrung von Sommerfrüchten diente. Dann sahen wir durch die erblindeten Fensterscheiben nach dem zärtlichen Schäferpaar hinüber, das noch immer, wie vor Jahren, auf der Mitte der Wand im Grase kniete, und rüttelten vergebens an den Türen, welche von der alten Wieb sorgfältig verschlossen gehalten wurden; denn der Fußboden drinnen war unsicher geworden, und hier und dort konnte man durch die Ritzen in den Dielen auf das darunter stehende Wasser sehen.

So verging die Zeit.—Anne Lene war, ehe ich mich dessen versehen, ein erwachsenes Mädchen geworden, während ich noch kaum zu den jungen Menschen zählte. Ich bemerkte dies eigentlich erst, als sie eines Tages mit veränderter Frisur ins Zimmer trat. Seitdem sie selbst für ihre Kleidung sorgte, war diese fast noch einfacher als zuvor; besonders liebte sie die weiße Farbe, so daß mir diese in der Erinnerung von der Vorstellung ihrer

Persönlichkeit fast unzertrennbar geworden ist. Nur einen Luxus trieb sie; sie trug immer die feinsten englischen Handschuhe, und da sie dessenungeachtet sich nicht scheute, überall damit hinzufassen, mußte das getragene Paar bald durch ein neues ersetzt werden. Meine bürgerlich sparsame Mutter schüttelte vergebens darüber den Kopf. Aus dem nachgelassenen Schmuckkästchen ihrer Großmutter nahm sie an ihrem Konfirmationstage ein kleines Kreuz von Diamanten, das sie seitdem an einem schwarzen Bande um den Hals trug. Sonst habe ich niemals einen Schmuck an ihr gesehen.

Die Zeit rückte heran, wo ich zum Studium der Arzneiwissenschaft die Universität besuchen sollte.—In Anne Lenes Gesellschaft machte ich meinen Abschiedsbesuch bei unsern alten Freunden auf dem Staatshof. Wir kamen eben von einer Fenne, wo der Pächter, wie es dort gebräuchlich ist, seine Rapssaaternte auf einem großen Segel ausdreschen ließ. Nach der Sitte des Landes, die bei der schweren Arbeit den Leuten in jeder Weise gestattet, sich die Brust zu lüften, waren wir mit einem ganzen Schauer von Schimpf- und Neckworten überschüttet worden; weder meine rote Schülermütze noch meine damals allerdings "ins Kraut geschossene" Figur war verschont geblieben. Auch Anne Lene hatte ihr Teil bekommen; aber man wußte kaum, waren es Spottreden oder unbewußte Huldigungen; denn alles bezog sich am Ende doch nur auf den Gegensatz ihres zarten Wesens zu der derben und etwas schwerfälligen Art des Landes. Und in der Tat, wenn man sie betrachtete, wie der Sommerwind ihr die kleinen goldklaren Locken von den Schläfen hob und wie ihre Füße so leicht über das Gras dahinschritten, so konnte man kaum glauben, daß sie hier zu Haus gehöre. Das kleine Kreuz, welches an dem schwarzen Bändchen an ihrem Halse funkelte, mochte bei den Arbeitern diesen Eindruck noch vermehrt haben.

Als wir auf die Werfte kamen, fanden wir die alte Wieb in Zank mit einer Bettlerin vor der Haustür stehen, die sie vergeblich abzuweisen suchte. Die leidenschaftlichen Gebärden dieses noch ziemlich jungen Weibes waren mir wohlbekannt; sie ging auch in der Stadt alle Sonnabend von Tür zu Tür und zehrte dabei seit Jahren an dem Gedanken, daß sie von dem alten Ratman van der Roden, dem in seiner Amtsführung die obervormundschaftlichen Angelegenheiten übertragen waren, um ihr mütterliches Erbteil betrogen sei. Sie war infolge derartiger Äußerungen schon mehrfach zur Strafe gezogen; und jetzt schien sie, nach dem beiderseitigen Betragen zu urteilen, fest entschlossen, auch der alten Dienerin der van der Rodenschen Familie diese verblaßte Geschichte vorzutragen.

Die Streitenden rührten sich bei unsrer Ankunft in ihrem Eifer nicht von der Stelle, und da wir nach dem Flur zwischen beiden hindurch mußten, so nahm Anne Lene ihr Kleid zusammen, um nicht an das der Bettlerin zu streifen.

Aber diese vertrat ihr den Weg. "Ei, schöne Mamsell", sagte sie, indem sie einen tiefen Knicks vor ihr machte und mit einer abscheulichen Koketterie ihre durchlöcherten Röcke schwenkte, "haben Sie keine Angst, meine Lumpen sind alle gewaschen! Freilich die seidenen Bändchen sind längst davon, und die Strümpfe, die hat dein Großvater selig mir ausgezogen; aber wenn dir die Schuhe noch gefällig sind?"

Und bei diesen Worten zog sie die Schlumpen von den nackten Füßen und schlug sie aneinander, daß es klatschte. "Greif zu, Goldkind", rief sie, "greif zu! Es sind Bettelmannsschuhe, du kannst sie bald gebrauchen."

Anne Lene stand ihr völlig regungslos gegenüber; Wieb aber, deren Augen mit großer Ängstlichkeit an ihrer jungen Herrin hingen, griff in die Tasche und drückte der Bettlerin eine Münze in die Hand. "Geh nun, Trin", sagte sie, "du kannst zur Nacht wiederkommen; was hast du noch hier zu suchen?"

Allein diese ließ sich nicht abweisen. Sie richtete sich hoch auf, indem sie mit einem Ausdruck überlegenen Hohnes auf die Alte herabsah. "Zu suchen?" rief sie und verzog ihren Mund, daß das blendende Gebiß zwischen den Lippen hervortrat. "Mein Muttergut such ich, womit ihr die Löcher in eurem alten Dache zugestopft habt."

Wieb machte Miene, Anne Lene ins Haus zu ziehen.

"Bleib Sie nur, Mamsell", sagte das Weib und ließ die empfangene Münze in die Tasche gleiten, "ich gehe schon; es ist hier doch nichts mehr zu finden. Aber", fuhr sie fort, mit einer geheimnisvollen Gebärde sich gegen die Alte neigend, "auf deinem Heuboden schlafe ich nicht wieder. Es geht war um in eurem Hause, das pflückt des Nachts den Mörtel aus den Fugen. Wenn nur das alte hoffärtige Weibe noch daruntersäße, damit ihr alle auf einmal euren Lohn bekämet!"

Auf Anne Lenes Antlitz drückte sich ein Erstaunen aus, als sei sie durch diese Worte wie von etwas völlig Unmöglichem betroffen worden. "Wieb", rief sie, "was sagt sie? Wen meint sie, Wieb?"

Mich übermannte bei dem Anblick meiner jungen hilflosen Freundin der Zorn; und ehe das Weib zu einer Antwort Zeit gewann, packte ich sie am Arm und zerrte sie den Hof hinunter bis hinaus auf den Weg. Aber noch als ich das Gittertor hinter mir zugeworfen hatte und wieder auf die Werfte hinaufging, hörte ich sie ihre leidenschaftlichen Verwünschungen ausstoßen. "Geh nach Haus, Junge", schrie sie mir nach, "dein Vater ist ein ehrlicher Mann; was läufst du mit der Dirne in der Welt umher!"

Drinnen im Gesindezimmer fand ich Anne Lene vor ihrer alten Wärterin auf den Knien liegen, den Kopf in ihren Schoß gedrückt. "Wieb", sprach sie leise, "sag mir die Wahrheit, Wieb!"

Die Alte schien um Worte verlegen. Sie schalt auf die Bettlerin und redete dies und das von allgemeinen Dingen, indem sie ihre rauhe Hand liebkosend über das Haar ihres Lieblings hingleiten ließ. "Was wird es sein", sagte sie, "dein Großvater und dein Urgroßvater waren große Leute; die Armen sind immer den Reichen heimlich feind!"

Anne Lene, die bis dahin ruhig zugehört hatte, erhob den Kopf und sah sie zweifelnd an. "Es mag doch wohl anders gewesen sein, Wieb", sagte sie traurig, "du mußt mich nicht belügen!"

Was weiter zwischen den beiden gesprochen worden, weiß ich nicht; denn ich verließ nach diesen Worten das Zimmer, da ich glaubte, die Alte werde das Gemüt des Mädchens leichter zur Ruhe sprechen, wenn sie allein sich gegenüber wären.—Aber nach einigen Tagen war das Diamantkreuz von Anne Lenes Hals verschwunden, und ich habe dieses Zeichen alten Glanzes niemals wieder von ihr tragen sehen.

Ich mochte etwa ein Jahr lang in der Universitätsstadt gewesen sein, als ich durch einen Brief meines Vaters die Nachricht von Anne Lenes Verlobung mit einem jungen Edelmann erhielt. Er teilte mir die Sache mit, ohne ein Wort der Billigung oder Mißbilligung von seiner Seite hinzuzufügen.—Der Bräutigam war mir wohlbekannt; seine Familie stammte aus unsrer Stadt, und er selbst hatte sich kurz vor meiner Abreise wegen einer Erbschaftsangelegenheit dort aufgehalten. Da er sich meines Vaters als Geschäftsbeistandes bediente und keine weiteren Bekanntschaften in der Stadt hatte, so war er in unserm Hause ein oft gesehener Gast geworden. — Mir waren die blanken braunen Augen dieses Menschen vom ersten Augenblick an zuwider gewesen; und auch jetzt noch schienen sie mir nichts Gutes zu versprechen. Doch sagte ich mir selbst, da diese Meinung keine unparteiische sei. Ich war von dem Herrn Kammerjunker als ein junger bürgerlicher Mensch von vornherein mit einer mir sehr empfindlichen Oberflächlichkeit behandelt worden; er hatte in meiner Gegenwart in der Regel getan, als ob ich gar nicht vorhanden sei; was aber das schlimmste war, ich hatte zu bemerken geglaubt, daß er meiner jungen Freundin nicht in gleichem Grade wie mir mißfallen hatte.

Obgleich die seit meiner Knabenzeit in mir keimende Neigung für Anne Lene, da sie keine Erwiderung gefunden, niemals zur Entfaltung gekommen war, so wurde ich doch jetzt durch die Nachricht von ihrer Verbindung mit einem mir so verhaßten Manne auf das heftigste erschüttert und, ich darf wohl sagen, beunruhigt. Meine Phantasie ließ nicht nach, mir die kleinsten Züge seines Wesens wieder und wieder vor Augen zu führen; und besonders mußte ich mich eines übrigens geringfügigen Vorfalls erinnern, der mich gegen die Natur dieses Menschen in völligem Widerspruch setzte.

Es war im Spätsommer; unsre Familie saß in der Ligusterlaube beim Nachmittagskaffee, wozu außer dem alten Syndikus auch der Kammerjunker sich eingefunden hatte. Die Herren mochten, ehe ich hinzukam, geschäftliche Sachen erörtert haben; denn das alte Porzellanschreibzeug meines Vaters stand neben dem übrigen Geschirr auf dem Tische. Anne Lene ging in stiller Geschäftigkeit ab und zu; bald um im Hause die Bunzlauer Kanne aufs neue zu füllen, bald um die Wachskerze für die Tonpfeife des Syndikus anzuzünden, die über dem Plaudern immer wieder ausging. Das Gespräch der beiden älteren Herren hatte sich mittlerweile auf städtische Angelegenheiten gewandt, welche für den Fremden wenig Interessen boten. Er hatte die Arme vor sich auf den Tisch gestreckt und schien seinen eignen Gedanken nachzugehen; nur wenn draußen zwischen den sonnigen Beeten das Kleid des jungen Mädchens sichtbar wurde, hob er die Augenlider und sah nach ihr hinüber. Es war in diesem lässigen Anschauen etwas, das mich in einen ohnmächtigen Zorn versetzte; zumal als ich sah, wie Anne Lene die Augen niederschlug und sich, wie um Schutz zu suchen, an meiner Mutter Seite auf das äußerste Ende der Bank setzte. Der Kammerjunker, ohne sie weiter zu beachten, haschte eine Mücke, die eben an ihm vorüberflog. Ich sah, wie er sie an den Flügeln sorgsam zwischen seinen Fingern hielt, wie er den Kopf herabneigte und die hilflosen Bewegungen des Geschöpfes mit Aufmerksamkeit zu betrachten schien. Nach einer Weile nahm er die neben ihm liegende Schreibfeder, tauchte sie in das Tintenfaß und begann nun nacheinander Kopf und Brustschild seines kleinen Opfers in langsamen Zügen damit zu bestreichen. Bald aber änderte er sein Verfahren; er zog die Feder zurück und führte sie wie zum Stoß wiederholt gegen die Brust der Kreatur, welche mit den feinen Füßen die auf sie eindringende Spitze vergebens abzuwehren strebte. Seine blanken Augen waren ganz in dies Geschäft vertieft. Endlich aber schien er dessen überdrüssig zu werden; er durchstach das Tier und ließ es vor sich auf den Tisch fallen, indem er zugleich eine Frage meines Vaters beantwortete, die seine Aufmerksamkeit erregt haben mochte.—Ich hatte wie gebannt diesem Vorgange zugesehen, und Anne Lene schien es ebenso ergangen; denn ich hörte sie aufatmen, wie jemand, der von einem auf ihm lastenden Druck mit einem Male befreit wird.

Einige Tage darauf vermißten wir Anne Lene bei der Mittagstafel, was sonst niemals zu geschehen pflegte.—Als ich, um sie zu suchen, in den Garten trat, begegnete mir der Kammerjunker, der wie gewöhnlich mit einem halben Kopfnicken an mir vorbeipassierte. Da ich Anne Lene nicht gewahrte, so ging ich in den untern Teil des Gartens, in welchem mein Vater eine kleine Baumschule angelegt hatte. Hier stand sie mit dem Rücken an einen jungen Apfelbaum gelehnt. Sie schien ganz einem innern Erlebnis zugewendet; denn ihre Augen starrten unbeweglich vor sich hin, und ihre kleinen Hände lagen fest geschlossen auf der Brust. Ich fragte sie: "Was ist denn dir begegnet, Anne Lene?" Aber sie sah nicht auf; sie ließ die Arme sinken und sagte:

"Nichts, Marx; was sollte mir begegnet sein?" Zufällig aber hatte ich bemerkt, daß die Krone des kleinen Baumes wie von einem Pulsschlage in gleichmäßigen Pausen erschüttert wurde, und es überkam mich eine Ahnung dessen, was hier geschehen sein könne; zugleich ein Reiz, Anne Lene fühlen zu lassen, daß sie mich nicht zu täuschen vermöge. Ich zeigte mit dem Finger in den Baum und sagte: "Sieh nur, wie dir das Herz klopft!"

Diese Vorfälle, welche damals bei der kurz danach erfolgten Abreise des Kammerjunkers bald von mir vergessen waren, ließen nun nicht ab, mich zu beunruhigen, bis sie endlich von den Leiden und Freuden des Studentenlebens aufs neue in den Hintergrund gedrängt wurden.

Ich habe nicht von mir zu reden.

Etwa zwei Jahre später um Ostern kehrte ich als junger Doctor promotus in die Heimat zurück. Schon vorher hatte man mir geschrieben, daß das fortdauernder Sinken der Landpreise den Verkauf des Staatshofes nötig machen werde, und daß Anne Lene aus einem immerhin noch reichen Erbin wahrscheinlich ein armes Mädchen geworden sei. Nun erfuhr ich noch dazu, daß auch ihre Verlobung sich aufzulösen scheine. Die Briefe des Bräutigams waren allmählich seltener geworden und seit einiger Zeit ganz ausgeblieben. Anne Lene hatte das ohne Klage ertragen; aber ihre Gesundheit hatte gelitten, und sie befand sich gegenwärtig schon seit einigen Wochen zu ihrer Erholung draußen auf dem Staatshof, wo man eins der kleineren Zimmer in dem oberen Stockwerk für sie instand gesetzt hatte.

Obwohl ich seit ihrem Brautstande nicht an sie geschrieben, so konnte ich doch nicht unterlassen, noch am Tage meiner Ankunft zu ihr hinauszugehen. —Es war schon spätnachmittags, als ich den Staatshof erreichte. Die alte Wieb fand ich draußen auf dem Wege an einem Heck stehend, von wo ein Fußsteig über die Fennen nach dem Deiche zu führte. Sie hatte mich nicht kommen sehen, da sie den Rücken gegen den Weg kehrte, und als ich unvermerkt ihre harte Hand erfaßte, vermochte sie mich erst nicht zu erkennen. Bald aber trat ein Ausdruck der Freude in das alte Gesicht, und sie sagte: "Gott sei Dank, daß du da bist, Marx! So eine treue Seele tut uns gerade not!"

"Wo ist Anne Lene?" fragte ich. Die Alte zeigte mit der Hand ins Land hinaus und sagte bekümmert: "Da geht sie wieder in der Abendluft!"

Etwa auf dem halben Wege nach dem Haffdeiche, der hier nördlich von dem Hofe die Landschaft gegen das Meer hin abschließt, sah ich eine weibliche Gestalt über die Fennen gehen. "Setz nur den Kessel ans Feuer, Wieb", sagte ich, "ich will sie holen, wir kommen bald zurück."—Nach einer Weile hatte ich Anne Lene erreicht. Als ich ihren Namen rief, stand sie still und wandte den Kopf nach mir zurück. Ich fühlte plötzlich, wieviel von ihrem Bilde in meiner Erinnerung erloschen sei. So lieblich hatte ich sie mir nicht gedacht; und doch war sie dieselbe noch; nur ihre Augen schienen dunkler geworden, und die Linien des zarten Profils waren ein wenig schärfer gezogen als vor Jahren. Ich faßte ihre beiden Hände. "Liebe Anne Lene", sagte ich, "ich bin eben angekommen; ich wollte dich noch heute sehen!"

"Ich danke dir, Marx", erwiderte sie, "ich wußte, daß du dieser Tage kommen würdest."—Aber ihre Gedanken schienen nicht bei diesem Willkommen zu sein; denn sie wandte die Augen sogleich wieder von mir ab und begann auf dem Fußsteige weiterzugehen. "Begleite mich noch ein wenig", fuhr sie fort, "wir gehen dann zusammen nach dem Hof zurück."

"Aber es wird kalt, Anne Lene!"

"Oh, es ist nicht so kalt", sagte sie, indem sie das große Schaltuch fester um die Schultern zog.—So gingen wir denn weiter. Ich suchte allerlei Gespräch, aber keines wollte gelingen. Es wurde schon abendlich; ein feuchter Nordwest wehte vom Meere über die Landschaft, und vor uns auf dem Haffdeich sah man gegen den braunen Abendhimmel einzelne Fuhrwerke wie Schattenspiel vorbeipassieren. Nach einer Weile bemerkte ich einen Mann an der Seite des Deiches herabsteigen und uns auf dem Fußwege entgegengehen. Es war der Postbote, der zweimal in der Woche für die Hofbesitzer die Briefe aus der Stadt holte. Ich fühlte, wie Anne Lene ihren Schritt beeilte, da er in unsre Nähe kam. "Hast du etwas für mich, Carsten?" fragte sie und suchte dabei in ihrer Stimme vergebens eine innere Unruhe zu verbergen.

Der Bote blätterte in seiner Ledertasche zwischen den Briefen umher. "Für dieses Mal nicht, liebe Mamsell!" sagte er endlich mit einer verlegenen Freundlichkeit, indem er die aufgehobene Klappe wieder über seine Tasche fallen ließ. Er mochte ihr diese Antwort schon oft gegeben haben. Anne Lene schwieg einen Augenblick. "Es ist gut, Carsten", sagte sie dann, "du kannst erst mit uns gehen und Abendbrot essen."—Sie schien das Ziel ihrer Wanderung erreicht zu haben; denn sie kehrte bei diesen Worten um, und wir gingen mit dem Boten nach dem Hofe zurück. Die Dämmerung war schon stark hereingebrochen. Von dem Ackerstück, an welchem wir vorüberkamen, vernahm man die kurzen Laute der Brachvögel, die unsichtbar in den Furchen lagen; mitunter flog ein Kiebitz schreiend vor uns auf, und auf den Weiden stand das Vieh in dunkeln, unkenntlichen Massen beisammen.—Wir hatten auf dem Rückwege, als geschehe es im Einverständnis, kein Wort miteinander gewechselt; als wir schon fast im Dunkeln auf der Werfte angelangt waren, ergriff Anne Lene meine Hand. "Gute Nacht, Marx", sagte sie, "verzeih mir; ich bin müde, ich muß schlafen; nicht wahr, du kommst recht bald einmal wieder zu uns heraus!" Mit diesen

Worten trat sie in die Haustür, und bald hörte ich, wie sie die Treppe nach ihrem Zimmer hinaufging.

Ich begab mich zu den alten Hofleuten, die in Gesellschaft des Boten am warmen Ofen bei ihrem Abendtee saßen. Wieb entfernte sich für einen Augenblick, um Anne Lene ein Licht hinaufzubringen; dann nötigte sie mich, an ihrer Mahlzeit teilzunehmen, und ich mußte erzählen und erzählen lassen. Darüber war es spät geworden, so daß ich nicht mehr zur Stadt zurückkehren mochte. Ich bat meine alte Freundin, mir eine Streu in ihrer Stube aufzuschütten, und schlenderte, während dies geschah, in den Garten hinaus. Da ich in das Boskett an der nördlichen Seite kam, bemerkte ich, daß Anne Lene noch Licht in ihrem Zimmer habe. Ich lehnte mich an einen Baum und blickte hinauf. Es schien alles still darinnen. Plötzlich aber entstand hinter den Fenstern eine starke Helligkeit, die eine Zeitlang in die kahlen Büsche des Gartens hinausleuchtete und dann allmählich wieder verschwand. Mich überkam, während ich so im Dunkeln stand, eine unbestimmte Besorgnis, und ohne mich lange zu bedenken, ging ich durch die Hintertür ins Haus und die Treppe nach Anne Lenes Zimmer hinauf.

Die Tür war nur angelehnt. Anne Lene saß an einem Tischchen mit den Füßen gegen den Ofen, in welchem ein helles Feuer brannte. Unter der Schnur eines Päckchens, das auf ihrem Schoße lag, zog sie einen Brief hervor; sie entfaltete ihn und schien aufmerksam darin zu lesen. Nach einer Weile bewegte sie die Hand ein wenig, so daß das Papier von der Flamme des neben ihr auf dem Tische stehenden Lichtes ergriffen wurde. Ihr Gesicht trug dabei einen solchen Ausdruck von Trostlosigkeit, daß ich unwillkürlich ausrief: "Anne Lene, was treibst du da?"

Sie blieb ruhig sitzen, ohne sich nach mir umzuwenden, und ließ den Brief in ihrer Hand verbrennen.

"Sie sind kalt", sagte sie, "sie sollen heiß werden!"

Ich war mittlerweile ins Zimmer getreten und hatte mich neben ihren Stuhl gestellt. Plötzlich, wie von einem raschen Entschluß getrieben, stand sie auf und legte beide Hände fest um meinen Hals; sie wollte zu mir sprechen, aber ihre Tränen brachen unaufhaltsam hervor, und so drückte sie den Kopf gegen meine Brust und weinte eine lange Zeit, in welcher ich nichts tun konnte, als sie still in meinen Armen halten. "Nein, Marx", sagte sie endlich und mühte sich, ihrer Stimme einen festeren Klang zu geben, "ich verspreche es dir, ich will nicht länger auf ihn warten."

"Hast du ihn denn so geliebt, Anne Lene?"

Sie richtete sich auf und sah mich an, als müsse sie erst nachsinnen über diese Frage. Dann sagte sie langsam: "Ich weiß es nicht—das ist auch einerlei."

Ich blieb noch eine Weile bei ihr, und allmählich wurde sie ruhiger. Sie versprach mir, Mut zu fassen, mir und unsrer Mutter zuliebe; sie wollte arbeiten, sie wollte in der kleinen Wirtschaft der alten Wieb die Anfänge des Landhaushaltes lernen, damit sie einmal als Wirtschafterin ihr Brot verdienen könne. Sie sah dabei fast mitleidig auf ihre kleinen Hände, deren Schönheit sie der Not des Lebens opfern wollte. Nur zur Rückkehr nach der Stadt vermochte ich sie nicht zu bewegen. "Nein, nicht unter Menschen!" sagte sie und sah mich bittend an. "Laß mich hier, Marx, solange es mir noch gestattet ist; aber komm oft einmal heraus zu uns."

So verließ ich sie an diesem Abend; aber ich ging von nun an häufig den Weg über die Fennen nach dem Staatshof.—Anne Lene schien ihr Versprechen halten zu wollen; ich fand sie mehrere Male beim Sahnen in der Milchkammer oder am Butterfasse, wo sie abwechselnd mit der alten Wieb den Stempel führte; ja, sie ließ es sich nicht nehmen, die Butter zum Kneten in die Mulde zu tun, ganz wie sie es von ihrer alten Wärterin gesehen hatte; sie schien es auch nicht zu merken, daß diese hinterher ganz im geheim die letzte Hand an ihre Arbeit legte. Allein man fühlte leicht, daß die Teilnahme an diesen Dingen nur eine äußerliche war; eine Anstrengung, von der sie bald in der Einsamkeit ausruhen mußte.

Es war schon in der heißen Sommerzeit, als einige junge Leute aus unsrer Stadt mit ihren Schwestern und Bekannten eine Landpartie nach dem Staatshofe hinaus zu machen wünschten. Man bat mich um eine Vermittlung bei Anne Lene; und mit einiger Mühe erhielt ich ihre Einwilligung.—So waren denn eines Sonntagnachmittags die verwilderten Gänge des Gartens wieder einmal von geputzten Leuten belebt, und man sah zwischen den Büschen die weißen Kleider und die bunten Schärpen der Mädchen. Die alte Wieb mußte den großen Kaffeekessel hervorsuchen; dann wurden die mitgebrachten Körbe ausgepackt und alles vor der Haustür dem Garten gegenüber serviert. Als der Kaffee vorüber war, stiegen die besten Kletterer unter uns in den Gipfel der beiden alten Linden, die zu den Seiten des Hoftores standen, indem jeder das Ende eines ungeheueren Taues mit sich hinaufnahm. Bald war zwischen den höchsten Ästen eine Schaukel festgeknüpft, und die Mädchen wurden eingeladen, sich hineinzusetzen. "Komm, Anne Lene", rief ein junger, robust aussehender Mensch, indem er fast mitleidig auf ihre feine Gestalt hinabsah, "setz dich hinein; ich will dir einmal eine ordentliche Motion machen!"

Anne Lene bedankte sich, aber ein munteres schwarzäugiges Mädchen ließ sich williger finden; und bald schwenkte Claus Peters die Schaukel, bis die kleine Juliane wie ein Vogel zwischen den Zweigen saß und endlich flehentlich um Gnade schrie.—Claus Peters war der Sohn eines reichen Brauers, und es hieß, sein Vater werde ihm den Staatshof kaufen, sobald er zum Aufstrich komme, und ihm eine glänzende Wirtschaft einrichten. Auch schien er in seinen Gedanken sich schon als den künftigen Besitzer zu betrachten; denn als wir später in Begleitung des Hofmanns zwischen den Baulichkeiten herumgingen, fand er überall etwas zu tadeln und sprach von Verbesserungen, die hier vorgenommen werden müßten, während der alte Marten mit einem mißvergnügten Brummen nebenherging.

Es war allmählich spät geworden. Als wir von unsrer Umschau zurückkehrten, fanden wir die Mädchen vor der Haustür versammelt und Anne Lene unter ihnen.

Zwei derselben hatten ihre Hände gefaßt, als könnte sie nur mit zärtlicher Gewalt hier zurückgehalten werden. "Ja, wenn wir Musik hätten!" sagte die eine.—"Musik!" rief Peters, indem er an den dicken Goldberlocken seine Uhr aus der Tasche zog. "Ihr sollt bald Musik haben; in einer halben Stunde bin ich wieder da!"

Er war zu Pferde herausgekommen und rief nun ins Haus nach dem Hofmann. "Bring mir den Braunen, Marten; aber brauch deine Beine!" Der Alte knurrte etwas vor sich hin, aber er tat doch, wie ihm geheißen, und bald ritt Peters im Galopp zum Tore hinaus. Wir andern gingen ins Haus und besichtigten oben den Tanzsaal. Es kam uns eine dumpfe Luft entgegen, als wir die Tür des alten Prunkgemaches geöffnet hatten.

Die goldgeblümten Tapeten waren von der Feuchtigkeit gelöst und hingen teilweise zerrissen an den Wänden; überall stachen noch die Stellen hervor, wo vorzeiten die Familienporträte gehangen hatten. Wir gingen wieder hinab und trugen einen Tisch und einige Gartenbänke in das leere Zimmer; dann öffneten wir die Fenster, durch welche es von den draußen stehenden Bäumen schon hereinzudunkeln begann, und die Mädchen umfaßten sich und tanzten miteinander. "Wartet!" rief ich, "wir wollen einen Kronleuchter machen!" Denn oben an der Zimmerdecke gewahrte ich noch die Krampe, an der einst die Kristallkrone über der Festtafel des Hauses gehangen hatte. Bald waren zwei Holzleisten aufgefunden und kreuzweis übereinandergenagelt.

Anne Lene ging mit den Mädchen in den Garten hinab; und aus dem Fenster sah ich, wie sie die Blumen von den Jasminbüschen und von den rot blühenden Himbeersträuchen brachen. "Pflückt nur", sagte Anne Lene, als eins der Mädchen fragend zu ihr umschaute, "es blüht hier doch für sich allein." Aber sie selber stand dabei; sie pflückte nichts.—Nach einer Weile kamen alle wieder herauf und machten sich daran, meinen Kronleuchter eins ums andre mit weißen und roten Blüten zu bewinden; dann, nachdem an jedem Ende eine Kerze befestigt und angezündet war, wurde das Kunstwerk aufgehangen. Die wenigen Lichter konnten den weiten Raum nicht erhellen; aber draußen war schon der Mond aufgegangen und schien durch die Fenster, und es war anmutig, wie die Blumenleuchte mitten in dem öden

Zimmer schwebte und wie der Duft erregt wurde, wenn die Mädchen unten durch tanzten. Plötzlich hörten wir ein Pferd auftraben und einen lauten Peitschenknall.

"Da kommt die Musik!" hieß es; und alle drängten an die Fenster.—Draußen unter den Bäumen hielt Peters; eine kleine dürre Gestalt klebte hinter ihm auf dem Pferde, Geige und Bogen in der Hand.

Bei näherem Hinschauen erkannte ich wohl, daß es der alte Drees-Schneider war, ein vielgewandtes Männchen, das bald mit der Nadel, bald mit dem Fiedelbogen für seinen Unterhalt sorgte, und den die harte Zeit gelehrt hatte, sich manchen derben Spaß gefallen zu lassen.—"Nun, Drees, spiel eins auf!" rief Peters. "Mach dein Kompliment vor den Damen!" Aber sowie der Alte die Hand vom Sattel ließ und seine Geige unters Kinn stützte, rührte Peters das Pferd mit den Sporen, daß es ausschlug; und der Alte schwankte und griff wieder hastig nach dem Sattel. Anne Lene stand vor mir; ich sah in der schwachen Beleuchtung, wie die Röte ihr in die Schläfe hinaufstieg.

"Drees", rief ich, "komm herab, Drees!"—Der Alte machte Anstalt hinabzuklimmen; aber der Reiter lachte und gab seinem Pferde die Sporen. "Marten", sagte Anne Lene zu dem Hofmann, "halte das Pferd, Marten!"—"Oho, Anne Lene!" rief Peters; allein er machte doch keinen Versuch, seine Späße fortzusetzen, und ließ es geschehen, daß Marten dem alten Drees herunterhalf.

Gleich darauf waren alle oben im Saal, und nachdem Peters dem alten Musikanten seine Angst durch einige Gläser Wein vergütet hatte, setzte dieser sich auf ein kleines Faß und begann seine Stücke aufzustreichen. Die Paare traten an, und bald wurde unsre Blumenleuchte vom Wirbel der Tanzenden hin und her bewegt. Ich suchte Anne Lene, aber sie mußte unbemerkt hinausgegangen sein, und da für mich keine Tänzerin übriggeblieben war, so verließ ich ebenfalls den Saal, in der Meinung, sie unten bei den alten Hofleuten anzutreffen.

Als ich in das Gesindezimmer trat, sah ich indessen nur die alte Wieb, welche eifrig an ihrem Strickstrumpf arbeitete. Sie zog eine Nadel aus dem Brustlatz und störte damit in der Lampe, die den ziemlich großen Raum nur spärlich erhellte. Dann sah sie zu mir auf und sagte: "Ihr seid ja gewaltig lustig, Marx! Claus Peters spielt wohl schon den Herrn im Staatshof?"

"Er wird es bald genug sein", antwortete ich, "das ist nicht mehr zu ändern!"

Die Alte schwieg eine Weile, und ihre Gedanken schienen sich von dem alten Besitztum der Familie zu dem letzten Nachkommen derselben hinzuwenden. "Marx", sagte sie, indem sie den Strickstrumpf auf den Tisch legte, "warum bist du auch so lange fort gewesen"

"Was hätte ich denn ändern können, Wieb?"

"Und die zwei langen Jahre!—Wenn nur der Unglücksmensch nicht gekommen wäre!" fuhr sie fort, wie zu sich selber redend. "Sie war dazumal noch die reiche Erbtochter; heißt das, sie war so in der Leute Mäuler; aber schon als die alte Frau in die Ewigkeit ging, ist nichts übrig gewesen als die schweren Hypotheken. Gott besser's! Nun soll gar der Hof verkauft werden.—Nicht meinetwegen, Marx, nicht meinetwegen; Marten und ich helfen uns schon durch die übrigen paar Jahre."

"Es ist wohl so am besten, Wieb", sagte ich; "vielleicht bleibt noch ein Restchen übrig für Anne Lene, so daß sie nicht ganz verarmt ist."

Die alte Frau wischte sich mit der Schürze über die Augen. "Es ist grausam", sagte sie kopfschüttelnd, "so eine Familie!"

Von oben schallte das Scharren der Tanzenden; im anstoßenden Stalle hörte ich, wie täglich um diese Zeit, den Hofmann den Karren und die übrigen Geräte für die Nacht an ihren Platz bringen.

Als ich aufsah, stand Anne Lene in der Tür. Sie war blaß, aber sie nickte freundlich nach uns hin und sagte: "Willst du nicht tanzen, Marx? Ich bin oben gewesen; die kleine Juliane sucht dich mit ihren braunen Augen schon in allen Ecken!"

"Du scherzest, Anne Lene; was geht mich Juliane an?"

"Nein, nein, Marx! Nimm dich in acht; Claus Peters tanzt schon den zweiten Tanz mit ihr."

"Aber, Anne Lene!"—Ich trat zu ihr. "Willst du mit mir tanzen?"

"Weshalb denn nicht?"

"Aber ein Menuett, Anne Lene!"

"Ein Menuett, Marx!—Und", fügte sie lächelnd hinzu, "nicht wahr, Freund Simon darf dabeisein?"

Als wir gehen wollten, faßte die Alte Anne Lenes Hand. "Kind", sagte sie besorgt, "der Doktor hat's dir ja verboten!"

Aber Anne Lene erwiderte: "Oh, gute Wieb, es schadet nicht; ich weiß das besser als der Doktor!" Und mein Verlangen, mit ihr zu tanzen, war so groß, daß ich mir diese Versicherung gefallen ließ.

Als wir oben in den Saal getreten waren, ging ich in die Ecke zu dem kleinen Drees und bestellte ein Menuett. Er blätterte in seinen Büchern umher; aber er hatte den alten Tanz nicht mehr darin; wir mußten uns mit einem Walzer begnügen. Claus Peters trat an den Tisch, schenkte ihm das Glas voll und stieß mit ihm an. "Aufgespielt, Drees!" rief er, "aber kratze nicht so, es kommen feine Leute an den Tanz."

Der Alte setzte sein Glas an den Mund. "Nun, Herr Peters", sagte er, indem er den jungen Menschen mit seinen kleinen scharfen Augen ansah, "auf daß es uns wohlgehe auf unsern alten Tagen!"

"Weshalb soll es uns nicht wohlgehen, Drees?" erwiderte Peters, indem er der kleinen Juliane die Hand bot und sich mit ihr an die Spitze der Tanzkolonne stellte.

Ich trat mit Anne Lene in die Reihe. Der Alte begann seine Geige zu streichen und nickte uns freundlich zu, als wir im Tanz an ihm vorüberkamen.—Ich glaube noch jetzt, daß er damals vortrefflich spielte; denn er war nicht ungeschickt in seiner Kunst, und eingedenk mancher kleinen Freundlichkeit, die er von uns empfangen, mochte er nun sein Bestes versuchen.

Wir hatten lange nicht zusammen getanzt, Anne Lene und ich. Aber es war nicht vergessen; ich fühlte bald, sie tanzte noch wie sonst. Es ging so leicht zwischen den übrigen Paaren hin; ihre Augen glänzten; sie lächelte, und ihr Mund war geöffnet, so daß die weißen Zähne hinter den feinen roten Lippen sichtbar wurden; ich glaubte es zu fühlen, wie die Lebenswärme durch ihre jungen Glieder strömte. Bald sah ich nichts mehr von allem, was sich um uns her bewegte; ich war allein mit ihr; diese festen klingenden Geigenstriche hatten uns von der Welt geschieden; sie lag verschollen, unerreichbar weit dahinter.

Dann pausierten wir. An dem offenen Fenster, wo wir standen, floß das Mondlicht mit dem dürftigen Kerzenschein zu einer unbestimmten Dämmerung zusammen. Anne Lene stand atmend neben mir, sie schien mir ungewöhnlich blaß. "Wollen wir uns aufhalten?" fragte ich sie.

"Weshalb, Marx? Es tanzt sich heut so schön!"

"Aber du verträgst es nicht!"

"O doch!—Was liegt daran!"

Wir tanzten schon wieder, als sie die letzten Worte sprach. Wir tanzten noch lange. Als aber Anne Lene mit der Hand nach dem Herzen griff und zitternd mit dem Atem rang, da bat ich sie, mit mir in den Garten hinabzugehen. Sie nickte freundlich, und wir gingen aus dem Saal nach ihrem Zimmer, um ein Umschlagtuch für sie zu holen.—Ich fühlte wohl damals schon, daß sie Sorge um Anne Lenes Gesundheit mich nicht allein zu jener Bitte veranlaßt hatte; denn als wir die Treppe zu dem dunkeln Flur hinabstiegen, war mir, als wenn ich mit einem glücklich geraubten Schatz ins Freie flüchtete.

Mir ist aus jenen Stunden noch jeder kleine Umstand gegenwärtig; ich glaube noch durch die Fensterscheibe der altmodischen Haustür das Mondlicht zu sehen, das draußen wie Schnee auf den Steinfliesen vor dem Hause lag; im Heraustreten hörten wir drinnen in der Gesindestube die alte Wieb den Schrank verschließen, in welchem sie das Brautlinnen ihres Lieblingskindes aufgespeichert hatte.—Es war eine laue Nacht; über unsern Köpfen surrten die Nachtschmetterlinge, die den erleuchteten Fenstern des oberen Stockwerks zuflogen; die Luft war ganz von jenem süßen Duft durchwürzt, den in der warmen Sommerzeit die wolligen Blütenkapseln der roten Himbeere auszuströmen pflegten. Anne Lene knüpfte ihr Schnupftuch um den Kopf; dann gingen wir, wie wir es oft getan, um die Ecke des Hauses und über die Werfte nach dem Baumgarten zu. Wir sprachen nicht; ich wollte Anne Lene bitten, ihre Augen wieder nach der Welt zurückzuwenden und nicht mehr in den Schatten der Vergangenheit zu leben; aber das beunruhigende Bewußtsein einer eigennützigeren Bitte, die ich für günstigere Zeiten im Grunde meines Herzens zurückbehielt, raubte mir den Atem und ließ kein Wort über meine Lippen kommen. Das Herz klopfte mir so laut, daß ich immer fürchtete, es werde auch ohne Worte meine innersten Gedanken kundmachen. Wir gingen durch die kleine Pforte in den Baumgarten hinein, zwischen die schimmernden Stämme der ungeheuren Silberpappeln, deren Laubkronen keinen Lichtstrahl durchließen. Die dürren Zweige, welche überall den Boden bedeckten, knickten unter unsern Füßen; und über uns, von dem Geräusch aufgestört, flogen die Raben von ihren Nestern und rauschten mit den Flügeln in den Blättern. Anne Lene ging schweigend und in sich verschlossen neben mir; ihre Gedanken mochten dort sein, von wo ich sie so sehnlich zurückzurufen wünschte.—So waren wir bis zur Graft hinabgekommen, welche auch hier die Grenze des eigentlichen Hofes bildete.

Zwischen den Bäumen, welche jenseits des Wassers standen, sah man wie durch einen dunkeln Rahmen in die weite mondhelle Landschaft hinaus, in welcher hie und da die einzelnen Gehöfte wie Nebelflecken aus der Ebene ragten. Es war so still, daß man nichts hörte als das Säuseln des Schilfs, das in den Gräben stand. "Sieh, Anne Lene", sagte ich, "die Erde schläft—wie schön sie ist!"

"Ja, Marx", erwiderte sie leise, "und du bist noch so jung!"

"Bist du denn das nicht mehr?"

Sie schüttelte langsam den Kopf. "Komm", sagte sie, "es ist hier feucht. "—Und wir gingen weiter durch eine verfallene Umzäunung in den seitwärts vom Hause liegenden Gemüsegarten und unten an dem Wasser entlang nach den Boskettpartien, die vor dem Hause lagen. Hier waren wir auf unserm alten Spielplatz; es waren noch dieselben Büsche, zwischen denen wir einst als Kinder in die Irre gegangen waren; nur hingen ihre Zweige noch tiefer in den Weg als damals. Wir gingen auf dem breiten Steige neben der Graft, die sich im Schatten der Bäume breit und schwarz an unsrer Seite hinzog. Man hörte das leise Rupfen des Viehes, welches jenseits auf der Fenne im Mondschein graste, und drüben von der Rohrpflanzung her scholl das Zwitschern des Rohrsperlings, des kleinen wachen Nachtgesellen. Bald aber horchte ich nur dem Geräusch der kleinen Füße, die in einiger Entfernung so leicht vor mir dahinschritten.

In diese heimlichen Laute der Nacht drang plötzlich von der Gegend des Deiches her der gellende Ruf eines Seevogels, der hoch durch die Luft dahinfuhr. Da mein Ohr einmal geweckt war, so vernahm ich nun auch aus der Ferne das Branden der Wellen, die in der hellen Nacht sich draußen über der wüsten geheimnisvollen Tiefe wälzten und von der kommenden Flut dem Strande zugeworfen wurden. Ein Gefühl der Öde und Verlorenheit überfiel mich; fast ohne es zu wissen, stieß ich Anne Lenes Namen hervor und streckte beide Arme nach ihr aus.

"Marx, was ist dir?" rief sie und wandte sich nach mir um. "Hier bin ich ja!"

"Nichts, Anne Lene", sagte ich, "aber gib mir deine Hand; ich hatte das Meer vergessen, da hörte ich es plötzlich!"

Wir standen auf einem freien Platze vor dem alten Gartenpavillon, dessen Türen offen in den zerbrochenen Angeln hingen. Der Mond schien auf Anne Lenes kleine Hand, die ruhig in der meinen lag. Ich hatte nie das Mondlicht auf einer Mädchenhand gesehen, und mich überschlich jener Schauer, der aus dem Verlangen nach Erdenlust und dem schmerzlichen Gefühl der Vergänglichkeit so wunderbar gemischt ist. Unwillkürlich schloß ich die Hand des Mädchens heftig in die meine; doch mit der Scheu, die der Jugend eigen, sah ich in demselben Augenblick zu Boden. Als aber Anne Lene ihre Hand schweigend in der meinen ließ, wagte ich es endlich, zu ihr emporzusehen. Sie hatte ihr Gesicht zu mir gewandt und sah mich traurig an; mitleidig, ich weiß noch jetzt nicht, ob mit mir oder mit sich selbst. Dann entzog sie sich mir sanft und trat auf die Schwelle des Pavillons.

Ich sah durch die Lücken des Fußbodens das vom Mond beleuchtete Wasser glitzern und faßte Anne Lenes Kleid, um sie zurückzuhalten. "Sorge nicht, Marx", sagte sie, indem sie hineintrat und ihre leichte Gestalt auf den losen Brettern wiegte. "Holz und Stein bricht nicht mit mir zusammen. "—Sie ging an das gegenüberliegende Fenster und sah eine Weile in die helle Nacht hinaus, dann hob sie mit der Hand ein Stück der alten Tapete empor, das neben ihr an der Wand herabhing, und betrachtete im Mondlicht die halb erloschenen Bilder. "Es hat ausgedient", sagte sie, "die schönen Schäferpaare wollen sich auch empfehlen. Es mag ihnen doch allmählich aufgefallen sein, daß die sauberen, weiß toupierten Herren und Damen so eines nach dem andern ausgeblieben sind, mit denen sie einst zur Sommerzeit so muntere Gesellschaft hielten.—Einmal", und sie ließ die Stimme sinken, als rede sie im Traume, "einmal bin ich auch noch mit dabei gewesen; aber ich war noch ein kleines Kind, Wieb hat es mir oft nachher erzählt.—Nun fällt alles zusammen! Ich kann es nicht halten, Marx; sie haben mich ja ganz allein gelassen."

Mir war, als dürfe sie so nicht weiterreden. "Laß uns ins Haus gehen", sagte ich, "die andern werden bald zur Stadt zurück wollen."

Sie hörte nicht auf mich; sie ließ die Arme an ihrem Kleid herabsinken und sagte langsam: "Er hat so unrecht nicht gehabt; wer holt sich die Tochter aus einem solchen Hause!"

Ich fühlte, wie mir die Tränen in die Augen schossen. "O Anne Lene", rief ich und trat auf die Stufen, die zu dem Pavillon führten, "ich—ich hole sie! Gib mir die Hand, ich weiß den Weg zur Welt zurück!"

Aber Anne Lene beugte den Leib vor und machte mit den Armen eine hastige abwehrende Bewegung nach mir hin. "Nein", rief sie, und es war eine Todesangst in ihrer Stimme, "du nicht, Marx; bleibt! Es trägt uns beide nicht."

Noch auf einen Augenblick sah ich die zarten Umrisse ihres lieben Antlitzes vor einem Strahl des milden Lichtes beleuchtet; dann aber geschah etwas und ging so schnell vorüber, daß mein Gedächtnis es nicht zu bewahren vermocht hat. Ein Brett des Fußbodens schlug in die Höhe; ich sah den Schein des weißen Gewandes, dann hörte ich es unter mir im Wasser rauschen. Ich riß die Augen auf; der Mond schien durch den leeren Raum. Ich wollte Anne Lene sehen, aber ich sah sie nicht. Mir war, als renne in meinem Kopfe etwas davon, das ich um jeden Preis wieder einholen müßte, wenn ich nicht wahnsinnig werden wollte. Aber während meine Gedanken diesem Unding nachjagten, hörte ich plötzlich vom Hause her die Tanzmusik. Das brachte mich zur Besinnung; ich stieß einen gellenden Schrei aus und sprang neben dem Pavillon hinab ins Wasser. Die Graft war tief; aber ich war kein ungeübter Schwimmer; ich tauchte unter, und meine Hände griffen zwischen dem schlüpfrigen Kraut umher, das auf dem Grunde wucherte. Ich öffnete die Augen und versuchte zu sehen; aber ich fühlte nur wie über mir ein trübes Leuchten. Meine Kleider, deren ich keines abgeworfen, zwangen mich, auf die Oberfläche zurückzukehren. Hier suchte ich wieder Atem zu gewinnen und wiederholte dann noch einmal meinen Versuch.—Es war vergebens. Bald stand ich wieder auf dem abschüssigen Uferrande und blickte ratlos über die Graft entlang. Da fühlte ich eine Hand sich schwer auf meine Schulter legen, und eine Stimme rief: "Marx, Marx, was macht ihr da? Wo ist das Kind?" Ich erkannte, daß es Wieb war. "Dort, dort!" schrie ich und streckte die Hände nach dem Graben zu. Die Alte faßte mich unter den Arm und zog mich gewaltsam an den Rand der Graft hinunter. Endlich brachte ich es heraus; und wir liefen an dem Wasser entlang, bis an die Laube in der Gartenecke, wo die alten Erlen ihre Zweige in die Flut hinabhängen lassen. Wir haben sie dann endlich auch gefunden; die Augen waren zu, und die kleine Hand war fest geschlossen.

Ich gab der alten Wieb einige Anordnungen zu dem, was jetzt geschehen mußte, dann zog ich den Braunen aus dem Stall und jagte nach der Stadt, um einen Arzt zu holen, denn ich traute meiner jungen Kunst in diesem Falle nicht. Wir waren bald zurück; aber die Schatten der Vergänglichkeit, die schon so früh in dieses junge Leben gefallen waren, ließen sie nun nicht mehr los.

Als wir einige Stunden später zur Stadt zurückkehrten, war die Marsch so feierlich und schweigend, und die Rufe der Vögel, die des Nachts am Meere fliegen, klangen aus so unermeßlicher Ferne, daß mein unerfahrenes Herz verzweifelte, jemals die Spur derjenigen wiederzufinden, die sich nun auch in diesen ungeheuren Raum verloren hatte.

Der jetzige Besitzer des Staatshofes ist Claus Peters. Er hat die alte Heuberg niederreißen lassen und ein modernes Wohnhaus an die Stelle gesetzt. Die Wirtschaftsgebäude liegen getrennt daneben.—Er hat recht gehabt, es geht wohl; er liefert die größten Mastochsen zum Transport nach England, und in seinen Zimmern stehen die kostbarsten Möbel, und er und seine Juliane glänzen von Gesundheit und Wohlbehagen. Ich aber bin niemals wieder dort gewesen.

9 789356 903388

Printed at Repro India Ltd.